108 Pensieri di Amma sulla Meditazione

108 Pensieri di Amma sulla Meditazione

Pubblicato da:
    Mata Amritanandamayi Center
    P.O. Box 613
    San Ramon, CA 94583-0613, Stati Uniti

————— 108 Quotes on meditation (Italian) —————

Copyright © 2020 Mata Amritanandamayi Center, San Ramon, California, Stati Uniti

Tutti i diritti riservati. Ogni riproduzione, archiviazione, traduzione o diffusione, totale o parziale, della presente pubblicazione, con qualsiasi mezzo, con qualsiasi scopo e nei confronti di chiunque, è vietata senza il consenso scritto dell'editore.

In India:
    www.amritapuri.org
    inform@amritapuri.org

In Italia:
    www.amma-italia.it
    amma-italia@amma-italia.it

1

La meditazione è preziosa quanto l'oro, accorda la prosperità materiale, la pace e la liberazione. Anche un solo momento trascorso meditando non è perso e ha grande valore.

2

Se oltre a praticare la meditazione abbiamo anche compassione, allora è come avere dell'oro che profuma di una meravigliosa fragranza! La meditazione ci permette di colmare di compassione il nostro cuore.

3

Riuscire a focalizzare la mente è l'essenza di ogni pratica spirituale. Uno dei metodi migliori per riuscirci è meditare.

4

Figli miei, quando sedete per meditare, non pensate di potere subito acquietare la mente. Iniziate con rilassare ogni parte del corpo. Se alcuni vestiti sono troppo stretti, allentateli. Assicuratevi che la spina dorsale sia dritta, poi chiudete gli occhi e concentratevi sul respiro.

5

Potete iniziare la meditazione focalizzandovi sulla forma della vostra Divinità prediletta o concentrandovi sul senza forma, come la luce di una candela. Se la mente divaga, riportatela a voi. Se non ci riuscite, guardate semplicemente dove sta andando. Dovete tenerla sotto osservazione. In tal modo, la mente smetterà di vagabondare e potrete controllarla.

6

Sedete e fissate per due minuti l'immagine della vostra Divinità prediletta, poi chiudete gli occhi e visualizzate la Sua forma nel vostro cuore. Meditate dirigendo la mente sul punto tra le sopracciglia o nel cuore. Ogni volta che sfuma, aprite gli occhi e guardate nuovamente l'immagine. Anche se è realizzata con carta e inchiostro, immaginate che questa figura sia pervasa dalla coscienza. Possiamo giungere al Reale solo attraverso l'irreale. Poiché siamo immersi nell'irrealtà, abbiamo dimenticato la Realtà. L'immagine ci aiuta a ricordare ciò che è Reale.

7

Quando cominciate a meditare, dovete impegnarvi a fondo per riuscire a concentrarvi sulla vostra Divinità prediletta. Forse non vi sarà possibile visualizzarne interamente la forma. Perfino allora, non dovete scoraggiarvi ma continuare nella pratica, cercando di visualizzare, ad esempio, solo i Suoi piedi. A tempo debito saprete riprodurre mentalmente tutta l'immagine della Divinità. Perseverando, acquisirete la forza necessaria per vedere con sempre maggiore chiarezza la Sua forma.

8

Al principio è sufficiente meditare da dieci minuti a mezz'ora due volte al giorno. Gradualmente, potete aumentare la durata. Il tempo propizio per meditare è dalle cinque del pomeriggio alle undici del mattino. Quando avete finito, sedete ancora in silenzio per un po' di tempo per trarre pieno beneficio dalla pratica. Rivolgetevi sempre al/alla vostro/a insegnante spirituale per ricevere indicazioni e seguite accuratamente le sue istruzioni.

9

Quando meditate, cercate di non creare nessuna tensione nella mente. Se sentite tensione o dolore in qualche parte del corpo, la mente si dirigerà verso quest'area. Rilassate ogni zona del corpo e osservate con estrema consapevolezza i vostri pensieri. In tal modo la mente si acquieterà da sola.

10

Una volta che avete cominciato a trovare la meditazione piacevole, non vi sarà difficile restare seduti. A poco a poco, farlo diventerà qualcosa di spontaneo. Prima di allora, è necessario che pratichiate con determinazione poiché non è assolutamente facile insegnare la pazienza al corpo e alla mente.

11

Non bisognerebbe sedere a meditare appena abbiamo finito di mangiare. Dopo un pasto sostanzioso, è bene lasciar trascorrere almeno due ore prima di praticare. Se invece abbiamo fatto solo uno spuntino, è sufficiente lasciare un intervallo di mezz'ora.

12

Potete sedere e meditare in un luogo in disordine, sporco e squallido? Assolutamente no. Vi occorre un posto pulito e in ordine. In caso contrario, la sporcizia e il caos del posto avranno un impatto negativo sulla mente e non riuscirete a concentrarvi.

13

Non è necessario credere in Dio per meditare: potete immaginare di fondervi nell'Infinito, come il fiume che si congiunge con l'oceano. Questo è un buon metodo per evitare di lasciarsi prendere dall'inquietudine.

14

Figli miei, meditare non significa restare solo seduti con gli occhi chiusi: dovremmo trasformare ogni nostra azione in un atto di adorazione per riuscire a percepire la presenza di Dio ovunque.

15

Una volta che vi siete abbandonati completamente e che tutto il vostro essere è costantemente in preghiera, ciò che resta non siete voi, ma Dio. Quello che rimane è l'Amore. La preghiera può rendere possibile questo miracolo. Le vostre lacrime vi aiuteranno a giungere a un tale stato. Qual è lo scopo della meditazione? Diventare Amore, fare esperienza di questa Unità. Il modo migliore di meditare è pregare e piangere, struggendosi per Dio.

16

Meditare non significa sedere semplicemente nella postura del loto a occhi chiusi. Vuol dire anche servire altruisticamente chi soffre, consolare chi sta vivendo momenti difficili, regalare un sorriso e pronunciare parole amorevoli.

17

Figli miei, non cercate di acquietare la mente con la forza quando sedete in meditazione. Se lo farete, i pensieri riappariranno con una forza decuplicata. Sforzatevi di scoprire da dove sorgono e usate questa conoscenza per controllarli.

18

Correggendo la diffusa concezione errata secondo cui i nostri problemi sono causati dalle circostanze esterne, potremo rimuovere i nostri problemi una volta per tutte. Se capiamo che le difficoltà risiedono nella nostra mente, possiamo cominciare a rimuovere le nostre debolezze interiori. La meditazione è lo strumento che ci aiuta in questo. Il silenzio interiore, la quiete e il rilassamento sono il nostro unico sostegno.

19

La meditazione è la tecnica che vi consente di chiudere le porte e le finestre dei sensi, così da potere guardare dentro di voi e contemplare il vostro vero Sé.

20

Quando meditiamo sul Divino con forma, stiamo anche meditando sul nostro Sé. Avendo tutti i sensi sotto controllo, la nostra mente è in grado di focalizzarsi sull'immagine di Dio. Alla fine, nella mente rimarrà solo un unico pensiero, quello di Dio.

21

La meditazione dissolve la paura della morte, ci spoglia del nostro ego e ci porta a uno stato di non mente. Una volta trascesa la mente, realizziamo di essere l'Atman (il Sé Supremo) immutabile e imperituro, l'essenza dell'universo.

22

Qualunque pratica spirituale porta beneficio a tutto il mondo. Le vibrazioni create dal japa (ripetizione di un mantra), dal canto e dalla meditazione, purificano l'atmosfera e anche la mente. Anche se non ne siamo consapevoli, trasmettiamo la pace e la quiete a chi si avvicina a noi.

23

Sebbene la nostra natura sia l'Atman, da sempre ed eternamente libero, la nostra comprensione attuale ci fa credere di essere vincolati e limitati. Per rimuovere questa concezione errata, è necessario svolgere pratiche spirituali come la meditazione.

24

Attraverso pratiche spirituali come la meditazione acquisiamo forza: ci trasformiamo in un ricettacolo di energia e di vigore inesauribili. Diventiamo capaci di compiere l'azione giusta senza crollare di fronte alle avversità.

25

Non è possibile giungere a Dio senza pazienza e attenzione. Come potreste riuscire a concentrarvi quando meditate se non siete neppure consapevoli delle piccole cose che accadono sul piano grossolano? La meditazione è estremamente sottile. Sono l'attenzione e la pazienza che dimostrate nelle piccole cose a farvi riuscire nelle grandi imprese.

26

Potete procedere seguendo la Volontà Divina, convinti che "Tutto è Dio", oppure chiedendovi: "Chi sono io?" con la forte convinzione che "Ogni cosa è dentro di me".

27

Quando è necessario svolgere qualche seva (servizio disinteressato), l'aspirante spirituale dovrebbe dimenticare se stesso e immergersi completamente in questo compito, offrendolo ai Piedi di loto del Signore. Quando invece non occorre impegnarsi in un seva, costui dovrebbe essere capace di sedere in meditazione per lunghe ore.

28

Il flusso incessante dei pensieri più diversi rende impura la mente. La meditazione dirige tutti questi pensieri verso un unico punto.

29

Figli, per sua natura la mente è unificata e pura, ma finora abbiamo dato spazio a molte emozioni impure e mondane che agiscono come cattivi inquilini. Gli abbiamo consegnato parte del nostro terreno sul quale costruire una dimora e adesso non si curano di noi. Quando chiediamo loro di andarsene, si rifiutano, pronti a litigare. Dobbiamo impegnarci a fondo per riuscire a buttarli fuori o a portarli in tribunale. Allo stesso modo, per scacciare gli inquilini che abitano la mente dobbiamo presentare il caso davanti al tribunale di Dio. È una lotta costante, da combattere fino alla vittoria.

30

La dualità esiste solo quando si è identificati con il corpo. Una volta trascesa questa identificazione, ogni senso di dualità svanisce. Lo stato di Unità suprema è paragonabile a un recipiente che si è rotto: lo spazio al suo interno è divenuto tutt'uno con lo spazio che lo circonda.

31

Meditare per dieci ore al giorno equivale a meditare per cinque ore la notte. Anche se dormite tutto il giorno, quando vi svegliate non avvertite la freschezza e la contentezza che si prova dopo aver dormito alcune ore la notte, perché l'atmosfera notturna è calma e serena. Essendoci poche vibrazioni e pensieri mondani, è favorevole alla meditazione. Durante il giorno, l'atmosfera è inquinata dai pensieri delle persone che inseguono piaceri materiali.

32

Solo un atteggiamento disinteressato sostenuto dalla preghiera, dalla meditazione e dalla recitazione del mantra può ripristinare l'armonia perduta della mente umana. Iniziamo armonizzando la mente e poi la natura riacquisterà spontaneamente la propria armonia. Dove c'è concentrazione, c'è armonia.

33

È attraverso la meditazione che possiamo placare l'inquietudine. Come un filtro depura l'acqua, così la meditazione aiuta a purificare la mente. Appena la mente è assorbita in qualcosa, avvertiamo una gioia innata.

34

La meditazione giova anche ai bambini piccoli: rischiara l'intelletto, potenzia la memoria e migliora la loro capacità di apprendimento. I bambini cresceranno con un corpo e con una mente forti e sapranno affrontare con coraggio la vita.

35

La concentrazione e l'amore sono un'unica cosa, inseparabili come le due facce di una moneta. È necessario provare amore se desiderate concentrarvi durante la meditazione, perché questi due aspetti sono inscindibili.

36

Una meditazione autentica pone fine a ogni infelicità. Tutta la sofferenza proviene dalla mente e il passato appartiene alla mente. Solo lasciando andare il passato, cosa possibile grazie alla meditazione, possiamo dimorare nel Sé, in Dio.

37

Dovremmo meditare con sincerità e regolarità, non saltuariamente, finché la nostra mente è completamente focalizzata. Una volta piantati i semi, dovremo annaffiarli ogni giorno finché germogliano e le pianticelle raggiungono una certa altezza. Potrebbe richiedere tempo prima che spuntino i germogli della spiritualità. Annaffiateli regolarmente, non fate mai mancare loro l'acqua della pratica spirituale e poi aspettate pazientemente.

38

Man mano che aumentate le sessioni di meditazione, noterete l'affiorare di sempre maggiori vasana (tendenze e desideri latenti). È solo perché devono essere distrutte che le vasana emergono nella meditazione.

39

Costringere la mente a meditare è come immergere un tronco cavo nell'acqua: riaffiorerà velocemente appena toglierete la mano. Dovremmo cercare di conquistare la mente a poco a poco, proponendole nuove idee e sostituendo i vizi con buone abitudini.

40

Dovremmo osservare i nostri pensieri allontanandoci da loro. Se ci avviciniamo troppo, ci coinvolgeranno a nostra insaputa. Se però li osserviamo mantenendo una certa distanza, noteremo che si acquietano e ritorna la pace.

41

Prima d'iniziare a meditare, dite alla mente: "Qualunque cosa accada, mi alzerò da qui solo allo scadere del tempo prefissato".

42

Sebbene inizialmente vediamo Dio in una particolare forma e Lo chiamiamo con un particolare nome, quando la nostra devozione matura ed è pienamente sbocciata, siamo in grado di vedere il Divino in tutti i nomi e in tutte le forme, e anche dentro di noi.

43

Se riprendete a parlate appena avete finito di meditare, disperdete tutta l'energia accumulata. Non sprecatela comportandovi come colui che sperpera la sua ricchezza duramente conquistata comprando noccioline.

44

Cari figli, mantenete sempre vivo nel cuore il ricordo che Dio è amore. Meditando su Colui che è l'incarnazione dell'Amore, voi stessi diventate l'Amore.

45

L'amore dovrebbe nascere da dentro. Con la meditazione, la preghiera e la recitazione del mantra possiamo prenderci cura e alimentare questo amore, creando un'atmosfera favorevole alla sua crescita.

46

La meditazione è la tecnica che vi insegna come stare nel momento presente. Si tratta di un'esperienza che le parole non possono descrivere. La meditazione avviene quando andate al di là della vostra mente e dei vostri pensieri.

47

Dovremmo essere in grado d'infondere nelle nostre azioni il silenzio interiore e la quiete acquisiti con la meditazione. In effetti la meditazione ci aiuta a guardare con maggiore intuizione ogni aspetto della vita.

48

La corrente di un fiume che ha diverse ramificazioni non sarà molto forte. Se convogliamo tutti i rami del fiume in un unico corso d'acqua, la forza della corrente aumenterà notevolmente. Così, nel nostro stato attuale, la mente si disperde rincorrendo innumerevoli oggetti sensoriali. Se la teniamo a freno e la canalizziamo verso un unico punto, genereremo un potere enorme che potremo utilizzare per compiere grandi cose.

49

La meditazione ci aiuta a vedere tutto come un gioco delizioso. In tal modo, perfino il momento del trapasso diventa un'esperienza piena di beatitudine.

50

Figli miei, nel nostro attuale stato mentale, le nostre cosiddette "azioni altruistiche" non sono del tutto disinteressate. Dobbiamo quindi cercare di creare un perfetto equilibrio tra l'agire e il meditare. Nelle fasi iniziali della vita spirituale, l'introspezione, la contemplazione, la preghiera e la recitazione del mantra sono necessari. Più abbiamo un atteggiamento altruistico, più la nostra meditazione diventa profonda.

51

Piangere invocando Dio per cinque minuti è come meditare per un'ora.

52

Durante la meditazione potrebbero comparire pensieri negativi. Se succede, ponete questa domanda: "Mente, trai qualche beneficio nel cullarti in questi pensieri? Hanno un qualche valore?". Pensate in questo modo e respingete così i pensieri inutili.

53

Per quanto si ripeta il mantra o si mediti, se manca l'amore, queste pratiche non produrranno nessun frutto. Quando il vostro amore per Dio diventa estremamente intenso, tutte le vostre tendenze negative svaniranno automaticamente. È difficile remare controcorrente, ma se issiamo una vela, diventerà facile navigare. L'amore per Dio è come la vela che aiuta la barca ad avanzare sull'acqua.

54

Per ricordarvi di Dio, dovete dimenticare. Per essere pienamente focalizzati su di Lui, occorre stare completamente e interamente nel momento presente, dimenticando il passato e il futuro. Solo questa è vera preghiera. Tale dimenticanza vi aiuterà a rallentare il flusso dei pensieri e godere della beatitudine che dà la meditazione.

55

Nella meditazione, diventate silenziosi e riposate nel vostro vero Sé.

56

Riconoscerete chi medita dal suo temperamento. Il meditante sarà umile e si porrà come "colui che non sa nulla". Solo se sviluppiamo l'atteggiamento di "io sono il servo di tutti", potremo avere la visione di Dio.

57

Sorridere è una delle forme più alte di meditazione.

58

Potete cambiare o trasformare la vostra sorte sforzandovi di meditare e di pregare sinceramente.

59

Solo le azioni compiute con un atteggiamento altruistico vi aiuteranno a meditare più profondamente. La vera meditazione ha luogo quando siete diventati davvero altruisti perché è l'altruismo che rimuove i pensieri e vi porta a un silenzio profondo.

60

Riuscire a rilassarsi nella meditazione fa emergere il potere che già esiste in voi. Il rilassamento è l'arte di acquietare la mente e di dirigere tutta la vostra energia sul compito che state svolgendo, così da far affiorare interamente il vostro potenziale. Una volta appresa quest'arte, ogni cosa accadrà spontaneamente e senza sforzo.

61

Anche quando meditate su un nome o sulla forma di un dio, di una dea, o di Amma, state in effetti meditando sul vostro Sé, non su un qualche oggetto esterno.

Man mano che aumenta la concentrazione, i pensieri diminuiscono. Quando i pensieri diminuiscono, la mente e l'intelletto si affinano ed è più facile entrare profondamente in meditazione.

63

La meditazione e le altre pratiche spirituali ci infondono la forza e il coraggio di sorridere alla morte.

64

Ricordate Dio, recitate il nome del Signore, meditate sulla Sua forma e ripetete il vostro mantra. Questa è la medicina migliore per guarire le ferite del passato. Prendete questa medicina per lasciar andare il passato e non farvi prendere dall'ansia pensando al futuro.

65

Meditate con la convinzione che la vostra Divinità prediletta dimora nel vostro cuore.

66

Figli miei, non trascurate mai di svolgere la vostra pratica quotidiana. Indipendentemente da quanto siete stanchi o malati, cercate di sedere a meditare per un po'.

67

Inizialmente è necessario sviluppare dell'amore per la sessione di meditazione quotidiana, che dovrebbe diventare parte fondamentale della vostra vita. Se non siete riusciti a svolgerla all'orario prefissato, dovreste provare dispiacere e sentirne la mancanza.

68

Se avete una percezione sottile, vi accorgerete che c'è uno spazio tra un pensiero e l'altro. Questo spazio è più sottile di un capello, ma esiste. Se riuscite a evitare che, come ora accade, i pensieri scorrano incontrollati, lo spazio aumenterà. Solo una mente meditativa in grado di concentrarsi su un singolo pensiero ci riuscirà. Nella meditazione, la mente deve fissarsi su un unico pensiero e non dirigersi sui pensieri più disparati.

69

Al termine della meditazione, non alzatevi immediatamente per immergervi subito in altre attività. Dopo aver sciolto le gambe dalla postura di meditazione, sdraiatevi per cinque-sette minuti in shavasana (la postura di rilassamento detta del "cadavere"). Rilassate sia la mente che il corpo. Concedetevi abbastanza tempo affinché il prana (energia vitale) riprenda a fluire normalmente. È proprio durante il rilassamento che il corpo assorbe tutti gli effetti positivi prodotti dalla meditazione.

70

La meditazione di gruppo è di grande beneficio: l'atmosfera si impregna delle vibrazioni generate dalla concentrazione di ogni partecipante, favorendo la pratica. Poiché in quel momento le vibrazioni dei pensieri di ciascuno sono simili, è possibile ottenere una buona concentrazione.

71

La mente non è altro che un flusso di pensieri. Quando i pensieri acquistano intensità, diventano azioni. Le azioni ripetute si trasformano in abitudini e le abitudini formano il carattere. Per acquietare la mente nella meditazione, dobbiamo prima avere cambiato la qualità dei nostri pensieri.

72

Uno sciroppo ricostituente ha un dosaggio da rispettare, superato il quale diventa nocivo. Se beviamo tutto il flacone in un colpo solo, staremo solo male. Analogamente, quando svolgiamo delle pratiche spirituali come la meditazione potremmo sentirci pieni di entusiasmo e pensare: "Mediterò per ore intere". Se non avete ancora tale capacità, praticare in questo modo potrebbe causarvi diversi disturbi, come un forte calore alla testa, disturbi del sonno, problemi digestivi, ecc. Avvicinatevi alla meditazione molto gradualmente, a poco a poco, e con costanza.

73

È nella natura della mente vagabondare, non è capace di rimanere quieta. Quando cerchiamo di calmarla concentrandoci su un oggetto, noteremo che divaga ancora di più. Chi ha appena iniziato a meditare potrebbe scoraggiarsi nel vedere lo scorrere incessante dei pensieri. L'unico modo per conquistare la mente è praticare con costanza e determinazione. Non bisogna avere paura e perdersi d'animo. Continuate risoluti la vostra pratica spirituale.

74

Figli miei, quando meditate potrebbero comparire nella mente pensieri negativi. Non preoccupatevi, non prestate loro alcuna attenzione. Dargli troppa importanza indebolisce la mente. Pensate invece che i cattivi pensieri compaiono perché è tempo di rimuoverli. La mente non è che un insieme di tanti pensieri. State attenti a non identificarvici. Ignorate semplicemente qualsiasi pensiero negativo e continuate la meditazione.

75

Negli stadi iniziali della meditazione, l'inerzia latente (tamas) emergerà e provocherà sonnolenza. Dobbiamo eliminarla con una pratica regolare e sistematica e prestando attenzione, ad esempio, alla nostra alimentazione. Quando vi viene sonno, alzatevi immediatamente dal tappetino di meditazione e iniziate a camminare per la stanza recitando il vostro mantra. Ripetetelo usando un mala (rosario) che stringerete al petto con consapevolezza. Se siete vigili, col tempo le qualità tamasiche scompariranno. Lasciate che sia rajas (l'azione) a prevalere su tamas.

76

Quando dei pensieri attraversano la mente durante la meditazione, guardateli senza farvi coinvolgere. Non teneteveli stretti. Man mano che scorrono, cercate di sviluppare la capacità di prendere le distanze e di assumere l'atteggiamento del testimone. Farlo, rafforzerà la mente.

77

Eseguite la meditazione e le vostre pratiche spirituali al meglio, senza preoccuparvi del risultato. Diversamente, non riuscirete a svolgere la vostra pratica con piena attenzione. L'aspirante non dovrebbe curarsi di ottenere esperienze spirituali. Andate dritti verso la meta!

78

Una preghiera sincera è meditazione.
È la comunione con Dio nella quiete pacata
del nostro cuore.

79

Giunto a un certo stadio, l'aspirante spirituale diviene tutt'uno con la sua Divinità adorata. Ci fonderemo nel Divino grazie all'intenso amore nato dal ricordo costante della nostra Divinità e dalla rinuncia a ogni altro pensiero. Sarà allora che la nostra Divinità prediletta ci porterà allo stato ultimo di non dualità, dove non vi è che pura consapevolezza, gioia e beatitudine.

80

Solo chi vive momento per momento è completamente libero dalla paura. Solo costui può abbracciare serenamente la morte. Vivere momento per momento è possibile unicamente grazie alla meditazione e ad altre pratiche spirituali.

81

Lo scopo di tutte le pratiche spirituali è il Sé per il Sé, essere appagati nel nostro Sé e dal Sé. Dovremmo diventare indipendenti, ovvero dipendere soltanto dal nostro Sé, la sorgente di ogni gioia.

82.

Per sentirsi completamente rilassati e pervenire allo stato di perfetta solitudine devono cessare le interferenze del passato e del futuro. Esiste solo il momento presente. Dovremmo cercare di vivere questa esperienza.

83

La meditazione ci aiuterà ad acquisire il controllo della mente e del corpo e ci permetterà di sviluppare la pazienza. Il telecomando della mente dovrebbe essere nelle nostre mani. Attualmente non è così: siamo dominati dai sensi.

84

Una meditazione autentica può avvenire solo alla presenza di un Satguru, di un vero Guru. Un tale Guru è costantemente in uno stato di meditazione, anche se fisicamente lo/la vedete impegnato/a in qualche compito. La presenza del Guru è il fattore principale che permette al vostro Sé di manifestarsi. Alla sua presenza potete fare esperienza della solitudine interiore, lasciando andare ogni paura e senso di alterità.

85

Quando, grazie alla meditazione, il piccolo ego si dissolve, ci espandiamo all'infinito, ci spogliamo della nostra personalità e possiamo immergerci nell'oceano della beatitudine. Ciò che rimane è solo una parvenza dell'ego, priva di realtà.

86

Quando meditiamo o sediamo da soli, potremmo pensare che dentro di noi non vi è nessun tratto negativo. Quando però ci troviamo in circostanze che ci mettono a dura prova, tutte le negatività appaiono e ci riesce difficile controllarle. Fuggire dalle situazioni non è mai d'aiuto. Ovunque siete, usate la situazione in cui vi trovate per acquisire il controllo della mente. Questo è il vero scopo delle pratiche spirituali.

87

Dio sarà il servitore di chi è riuscito a ottenere in meditazione una perfetta concentrazione. Figli miei, Amma ve lo assicura. Provate e state a vedere cosa succede!

88

A coloro che pregano Dio e meditano su di Lui con sincerità non mancherà mai niente di essenziale.

89

Lo sforzo è umano, mentre la Grazia è divina. Lo sforzo è limitato, la Grazia illimitata. Il vostro limitato sforzo umano vi può portare fino a un certo punto. Sarà allora che la Grazia del Guru interverrà e vi guiderà fino alla meta. Svolgete con sincerità le vostre pratiche spirituali con un atteggiamento di abbandono e d'amore e poi aspettate pazientemente il fluire della Grazia.

90

Poiché non siete stati voi a creare le nuvole nel cielo, non sarà il vostro sguardo che le farà scomparire. Tuttavia le nubi dei pensieri del cielo interiore svaniranno se rimarrete a osservarle con distacco.

91

Movimento e immobilità sono due aspetti della stessa verità, una cosa sola. Per fare esperienza dello stato di quiete è necessario tenerci stretti a un appiglio che ci aiuti a conseguirlo.

92

Quand'era giovane, Amma non sedeva oziosa neppure per un momento. Meditava sempre. Se alcune persone le si avvicinavano e iniziavano a parlare, Amma le considerava come una forma della Devi e lasciava che continuassero a parlare per quanto tempo volevano. Se le capitava d'interrompere momentaneamente la pratica, veniva presa dall'angoscia e pensava: "O Signore, quanto tempo ho perso!". Poi riprendeva a praticare raddoppiando l'intensità. Anche voi otterrete gli stessi frutti se vi impegnerete con un tale senso di urgenza.

93

L'intero scopo della meditazione è portarvi a diventare un nulla, a lasciar andare il senso di essere l'autore delle azioni. Perfino pensare "Io sto meditando" non è corretto. Nella vera meditazione non c'è il senso dell'io. Quando il senso dell'io e del mio svanisce, potremo essere di aiuto a tutti e non saremo più un peso per gli altri. Potremmo paragonare una persona comune a una pozza d'acqua stagnante e le Anime che hanno realizzato il Sé a un fiume o a un albero che offre ristoro e freschezza a tutti coloro che si avvicinano.

94

Se non riuscite a meditare, cercate di ripetere il vostro mantra. Se anche questo vi è difficile, allora cantate i Nomi di Dio. Qualunque sia il metodo scelto, dovete impegnarvi duramente per riuscire a ricordare costantemente il Supremo. Non lasciate che la mente si soffermi su pensieri inutili.

95

Man mano che progrediremo nella meditazione, diventeremo umili. Umiltà significa vedere Dio in ogni cosa o percepire il Sé ovunque. L'umiltà consiste nell'abbandono di sé, ovvero abbandonare la propria volontà a quella di Dio. In questo stato si smette di reagire e vi è solo accettazione. È allora che proviamo amore verso tutte le creature e siamo in grado di vedere tutto come Dio.

96

È bene meditare con una luce soffusa. Un'eccessiva illuminazione potrebbe disturbare il nostro tentativo di portare luce dentro di noi.

97

Pratiche spirituali come la meditazione, la ripetizione di un mantra e il canto di bhajan, sono tutti modi per rilassare la mente e rimanere così sempre aperti, come un fiore appena sbocciato.

98

Per stabilizzare la mente e acquietarla, dovete rivolgere il vostro attaccamento a qualcosa di più alto. La mente è il luogo più rumoroso del mondo. A meno che non sia indotta a contemplare o a meditare su una forma del Divino, non si calmerà. Tuttavia l'oggetto della propria meditazione o contemplazione non dovrebbe essere qualcosa di conosciuto, perché lo troverebbe presto noioso.

99

Interiorizzando l'oggetto della meditazione, diventate un tutt'uno con esso. In questo coinvolgimento totale, voi siete completamente assenti. È come se non ci fosse il giocatore ed esistesse soltanto il gioco. Il cantante non c'è: c'è solo il canto.

100

Colui che ama davvero è costantemente in uno stato meditativo. Di fronte a un tale amore, i pensieri cessano. Solo un innamorato sincero medita. Tutti i suoi pensieri sono per l'Amato e quindi non appaiono molte onde pensiero nella sua mente. In lui prevale un solo pensiero, rivolto esclusivamente all'Amato.

101

Quando c'è un solo pensiero, non esiste più la mente. L'esclusiva e costante focalizzazione dell'innamorato sull'Amato penetra nei recessi del cuore, inaccessibili alle parole e impossibili da descrivere. È allora che l'innamorato e l'Amato non sono più due ma uno.

102

Nel vero amore, lo stato di meditazione avviene spontaneamente. Si entra nel silenzio e si riposa nel proprio Sé. Non è possibile parlare quando si è nella pace del proprio Sé.

103

Non affaticatevi cercando di sedere nella postura del loto o di trattenere il respiro mentre meditate sulla forma della Divinità. Meditare è ricordare Dio, in un costante e amoroso ricordo. Considerate la vostra Divinità come la figura più cara, un vostro familiare o il vostro stesso figlio. Ricordate la vostra Divinità adorata in ogni momento, indipendentemente da dove siete o da cosa state facendo. Con tutti voi stessi, cercate di sentire il Divino nel vostro cuore. Sforzatevi di percepire questa presenza divina, la Sua grazia, la Sua compassione e il Suo amore.

104

Pregate fin quando il vostro cuore si scioglie in lacrime. Si dice che il fiume Gange purifichi chiunque si immerga nelle sue acque. Le lacrime che sgorgano dagli occhi nel ricordo di Dio hanno il grande potere di purificare la mente. Sono più potenti della meditazione. Sono il Gange stesso.

105

Il modo migliore per acquisire la concentrazione è piangere invocando Dio. Questo è, in effetti, meditare. Ed è proprio ciò che le grandi devote come Mirabai e le gopi fecero. Senza nessuna traccia di egoismo, così pregava Mirabai: "Signore, non importa se non mi ami. Ma, Signore, Ti prego, non togliermi il diritto di amarTi". Queste devote pregavano e imploravano il Divino finché tutto il loro essere si trasformava ed era in uno stato di costante preghiera. Continuavano ad adorarLo fino a venire consumate dalle fiamme dell'amore divino. Loro stesse diventavano l'offerta.

106

Meditate, pregate e recitate il vostro mantra per rimuovere la collera e ciò che la provoca. Per l'aspirante spirituale, rimuovere la collera e altre qualità negative è lo scopo della sua vita. Tutta la sua esistenza è dedicata a questo compito.

107

Il cibo che alimenta i pensieri e i desideri mondani è nocivo. C'è un nutrimento molto più saporito e salutare, quello formato dalle pratiche spirituali. Una volta gustato, iniziate a nutrire la vostra mente con la meditazione, la recitazione del nome di Dio, il japa e altre pratiche spirituali. A poco a poco sentirete sempre più il bisogno di alimentarvi con questo cibo spirituale.

108

Se vi sta a cuore il benessere del mondo, allora impegnatevi sinceramente a meditare e a svolgere delle pratiche spirituali. Figli miei, diventate come il faro che guida le imbarcazioni che navigano nell'oscurità. Diffondete la luce di Dio nel mondo!

www.ingramcontent.com/pod-product-compliance
Lightning Source LLC
Chambersburg PA
CBHW070610050426
42450CB00011B/3031